VOX POPULIS-VOX DEIS

L'ETAT DU SUD-OUEST DU CAUCASE

publié par le Comité Central pour la défense des intérêts de la population du Sud - Ouest du Caucase

BATOUM

Imprimerie H. Chmaïvsky

1919

Le Comité Central pour la défence des intérêts de la population du Caucase Sud-Ouest.

Excellence !

Le Comité Central confiant en votre èquité et votre inébranlable inpartialètè vous prie de bien vouloir prendre en considération les voeux légitimes de ses frères èpaipillés sur les montagnes de leur pays d'origine et condamnès malgré eux à lutter pour sauvegarder leur existence.

Veuillez, agréer, Fxcellence nos hommages les plus respectueux.

Pour le Président du Comité Central pour la défence des intérêts de la population du Caucase Sud-Ouest

S. F. Atabec, Prince de Coblian

Batoum, le 19 Octobre 1919.

VOX POPULIS-VOX DEIS

L'ETAT DU SUD-OUEST DU CAUCASE

publié par le Comité Central pour la défense des intérêts de la population du Sud - Ouest du Caucase

BATOUM

Imprimerie H. Chmaïvsky

1919

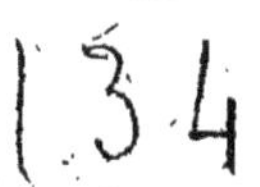

Comité Central pour la défense des intérêts de la population du Caucase du Sud - Ouest

Messieurs,

Les territoires du Sud-Ouest du Caucase forment un pays situé sur les routes courtes qui s'étendent de la Mer Noir à la Perse d'un côté d'Anatolie orientale de l'autre à Caucase de sa situation géographique, peuplé par les Moskhes ou Meskhes, ces territoires furent, dès les tempe les plus reculés, les champs des bateilles entreprises tour à tour par les Assyriens, les Medes, les Perses, les Bysantins, les Arabes, les Turcs et les Georgiens. c'est pour cette raison qu'à travers les siécles, les populations, les religions, et les traditions de ce pays ont subi une codtinuelle trausformation. Jusqu'au sixième siècle, ce pauvre pays a été plusieurs fois moreclé pour des raisons politiques; les régions de Kars, de Kaghysmàn et de Sourmly ont été le champs de bataille des Etats voisins et passèrent de mains en mains. Les rives de Batoum étaient sur la domination d'un prince géorgien appelé Kahabéré, les autres parties de cette même contrée et de Kars s'étaient détachées de Géorgie vers la moitée du quinziéme siècle et avaient formé un petit état nommé Saatbago. Vers le seizième siècle, les Turcs étandaient leur domination avec une poussée impétueuse, avaient trouvé notre pays dans la situation dècrite plus haut et s'en étaient emparé après de dures batailles. ces derniers avaient immigré en masse sur les territoires nouvellement conquis et, apportant avec eux la civilisation musulmane, avaient facilité la turquisation et la musulmanisation du pays. Notre pays qui, vers le dix-neuvième siècle, était complétement devenu une province Turque, a été occupé par les Russes à la suite des guerre successives qui s'étaient déroulées entre les derniers et les Turcs au *XIX* siècle.

Pour des raisons politiques très compréhensibles les Russes, ayant complètement négligé l'instruction et l'éducation des peuples habitant ce pays, n'avaient pu exercer aucune influence sur leur culture et leurs conceptions et leur avaient ainsi fourni l'occasion de se développer d'aprés les traditions turques et musulmans. La grande et récente revolution russe a libèré les peuples de la domination lourde de la Russie Impérialiste et leur a accordé le droit de disposer d'eux-même. A la suite du plébiscite organisé par les Turcs, les populations des provinces de Batoum, de Kars et d'Ardahan ont voté à l'unanimité l'annextion de ces contrées à la Turquie. Sur l'abrogation du traité de paix de Brest-Litovsk et après l'évacuation turque, notre pays s'est trouvé en face d'une question nouvelle resultant des principes de Monsieur Wilson. La situation de pays a empiré aprés l'évacuation turque jusqu'à l'occupation anglaise, étant donné que dans cette intervalle relativement court, les Armeniens d'un côté et les Georgins de l'autre ont occupé tour à tour une grande partie de nos contrées et se sont disputés à mains armées le butin qui leur avait été abandonné sans défense et c'est sur l'intervention des forces d'occupation anglaises que la lutte prit fin contre les envahisseurs. Les plus grandes privations et les plus grands dommages durent être supportées par la populations musulmane qui était restée étrangère à ces lutte de conquêt. Les Armenienes, soit au cours de l'évacuation du Caucase par les Russes, soit pendant la guerre qu'ils soutenaient contre les Georgiens, soit aprés la livraison de Kars par les autorités anglaises, massacrèrent systématiquement et sans pitié nos fréres musulmans comme s'ils égorgeaient des moutons. Les Georgiens qui avaient injustement occupé Akiskha et Akilkelek [en Russe Akhaltsykh et Akhalkalaki] ne négligeaient pas non plus de massacrer de leur côté nos corèligionnaires pour les obliger à accepter leur domiation et leur faisaient subir de lourdes pertes au cours des batailles qui leur étaient imposées autour d'Ardakhan. Ainsi l'œuvre d'extérmination de la population musulmane entreprise par les Aarmeniens et continuée par les Georgiens suivrait son cours.

Devant une situation pareille il se pose une question d'une exrême importacne: Que désire les musulmans de ces contrées? Veulent-ils leur indépendance, ou bien continueront-ils à subir le joug des oppresseurs sanguinaires?

L'asemblée Nationale, représentant les contrées du Caucase Sud-Ouest, a solennellement repondu à cette question en proclament categoriquement leur independance..

Le Comité Central juge utile et nécessaire de reproduire intégralamant une des parties les plus saillantes de cette déclaration:

«Le basant sur les principes Wélsoniens qui reconnaissent aux peuples le droit de libre-disposition, d'eux-mêmes, l'Assemblée Nationale considère que les territoires situés au sud-ouest du Caucase sont les propriétés légitimes des peuples qui l'habitent et qui s'y sont attachés par des liens d'intérêts sans se préoccuper des droits historiques et préhistoriques qui puissent être allégués.

L'assemblée National qui comprend même les représentents des élémants constituant la minorité comme les Russes, les Grecs etc, a pris la décision siuvante :

1 L'Etat du Sud-Ouest du Caucase qui comprend les provinces de Batoum, de Kars, les districts d'Akiskha et de Sourmaly, ainsi que les parties occidentales des districts d'Ahilkelek et d'Etchmiadzine peuplés en grande partie par les musulmans, est un état indépendant. Elle proclame la République dans ces contrées jusqu'à la réunion de la Constituante. L'Assemblée Nationale ne renonce pas non plus à la décision antérieure prise par les populations de Batoum, de Kars et d'Ardakhau, concernant leur annexion à la Turquie. De plus dans le cas où les résultats du plébiscite précédent seraient reconnus ou la Conférence de Paix déciderait de recourir à un nouveau plébiscite, l'Assemblée Nationale souhait que ce plébiscite se fit aussi pour Sourmaly et pour les parties occidentales d'Akilkelek et d'Etchmidasine.

2 Il sera procédé pour l'envoi à la Conférence de la Paix à Paris d'une délégation chargée d'exposer aux représentants des

Puissances alliées et associées les décisions prises par l'assemblée Nationale aussitôt qu'une telle possibilité pourra être envisagée.

3. L'assemblée Nationale informe le Gouvernement provisoire, le peuple, ainsi que lee Etats voisins des décisions prises par elle.»

Le Comité Central a la ferme conviction que la paix et la concorde générale ne pourrant s'établir au Caucase et dans le Proche orient que si les Puissances alliées et associées reconnaisent formellement l'indépendances des peuples qui vivent dans ces contrées et il croit qu'à un avenir prochain ces petits peuples conscients de leurs intérêts réciproques finiront par s'unir définitivement en vue d'exploiter avec plus de succès les richesses naturelles et spécialement les mines qui sont en abondance dans leur pays et aux quelles les capitaux européens ne sont pas étrangers.

Le Comité Central confiant en votre équité et votr impartialité, espère que les décisions de l'assemblée Nationales qu'il a eu l'ohnneur de vous faire parvenir et qui se trouvent corroborées et justifiées par la carte ethnographique et les statstiques russes, publiées officiellemeut dans les almanachs «Kavkaski kalender» de 1915-1917, obtiendront votre bon accueil et vous prie humblement de ne pas négliger la cause d'un peuple opprimé.

Veuillez etc.

Batoum le 19 octobre 1919

Pour le président du Comité Central pour la défense des intérêts de la population de Caucase du Sud-Ouet

S. F. Altabec, Prince de Coblian

Comité Central National Musulman
du Caucase du Sud-Ouest
5 Août 1919, No. 343, à Kars

A la délégation de la Caucasie Sud-Ouest:

Le Comité Central National Musulman de Kars a l'honneur de soumettre à votre connaissance les considérations suivantes avec prière de les transmettre à qui de droit:

Dès que les troupes Ottomanes, ont, selon les stipulatious de l'acte d'armistice, évacué en Janvier, les provinces de Kars et de Batoum, les Arméniens attaquèrent, de tous côtés, la province de Kars; ils brulèrent les villages Fayler et Kochivak où s'étaient installés les Musulans d'Erivan qui s'étaient enfuis de leur appression. Après quoi, les Arménins dirigerent leurs agressions contre la ville de Kagysmans; des troupes régulières Arméniennes vinrent se joindre aux bandes en activité. Les démarches que le gouvernement du Caucase du Sud-Ouest a entreprises, à ce sujet au près des Anglais, n'ont donné aucune résultat.. Le gouvernement arménien, en réponse aux notes que les Anglais lui ont adressées prétendit que les troupes régulières arméniennes n'étaient point impliqués dans ces mouvements dirigés par certains bandes, et que le gouvernement, n'en avait aucune connaissance.. plus tard, les anglais aggravirent la situation, en faisant venir des Arméniens dans la province de Kars.

Les émigrés d'Erivan qui, abondonnant leurs biens mobiliers et immobiliers s'étaient fixé dans les villages que les Arméniens avaient quitté à Kars, furent presque littéralement exterminés par ces derniers .. Les Armeniens, après avoir repis leurs villages, se sont livrés à des attaque armées contre les villâges Musulmans qu'ils pillèrent et massacrèrent leur habitant .

Afin s'assurer, à Kars, à Sourmaly et à Kaéèzman, la majorité aux Arméniens, leurs chefs, âinsi que les commandants de leurs troupes, ont poursuivi la politique d'anéantir ou de forces á émigrer la population Musulmane.. Le gouvernement arménien, a, intentionnellement, expédié des troup pour exterminer les Kurdes d'Ararat et de Kara-Kourt..

Les Kurdes, émigrés des environs d'Erivan, s'étaient établie dans les villages grecs de Sari-Kamiche d'Olokhli. de Nouvo-Sélim et d'autres; le gouvernement Arménien leur propose d'abondonner localités.. Les Kurdes, ne sachant où se réfugier, n'ont pa quittés ces villages, dans le délai qui leur fut imparti à cet effet.. le commandant arménien, prétextant ce fait, extermina tous ces Kurdes.. Les mêmes actes d'atrocité se déroulèrent là, aux mois , de Juin et de Juillet; partout, les Musulmans furent pour suivis et anéantis.

Aux environs de Sourmaly, les Arméniens ont mis trente huit villages à feu; plus de trois mille cinq cent personnes y'ont trouvé la mort; ét plus de quarante mille personnes restèrent sans domicile.

La cause unique de ces persécutions consiste dans l'abstention des Kurdes relevant du gouvernement de Kars, de prendre part aux élections législatives arméniennes.. Cette abstention est aussi confirmée par les agences télégraphiques arméniennes du 6 Juin et du 4 Juillet:

Le 6 Juin, la même agence faissait savoir qu'au district de Sourmalèy «46,441» personnes avaient droit de participer aux élections.. Or, le 4 Juillet, toujours la même agence annonçait qu'à sourmalèy, le comité arménien de Dachnakzoutiun avait eu «9,135» voix, tandisque les Musulmans n'en avaient obtenu que «3,985». et les divers autres partis, «1722»..

Neuf villages Tartares et un village Kurde s'étaient abstenus de prendre part aux élections.. D'après la statstique de «1917», soixante-dix mille musulmanes vivaient aux environs de Sourmalèy; il ressort, donc, de ce fait même, que le pays entier, refusant de donner leurs voix aux Arméniens, s'est abstenu de participer aux élections..

En même temps, le gouvernement arménien contraignait à la soumission les Musulmans à Olty, à Sari-Kamich, à Geulé et à Kara-Kourt. Les arméniens furent battus à Olty; mais «70» villages, aux environs de Kars, «50», aux environs de Kagizman, ainsi que tout le Geulé (20 villages) furent détruits par eux; les tués et les blessés se comptent par des dizaines de mille; plus de «150,000» personnes sont restées sans domicile, parmi lesquelles, les enfants et les vieillards courent le risque de périr des rigueurs du climat, des ravages du typhus et d'autres maladies qui y sévissent..

De l'infortunée population musulmane de Kars, les riches émigrent du côté d'Azerbeidjan et de Batoum, tandisque les pauvres, affamés et sans ressources, se réfugient à Erzeroum..

Le Comité central vous prie, donc, de protester, auprès des grandes puissances, contre ces barbares arméniens, de faire en sorte que l'administration de notre pays, sous le contrôle commun des grandes puissances, nous soit confiée, jusqu'à ce que la Conférence ait confirmé l'autonomie de nos pays et que l'on nous vienne en aide, afin de pouvoir aux besoins hygiéniques et à l'approvisionnement de la population..

Le président du Comité Central National
Musulman du Caucase de Sud-Ouest:
Dr. Essad

Le Comité National
Musulman d'Ardaghan
28 Juillet 1918, No. 84, á Olty

A la délégation du Caucase Sud-Ouest:

Nous vous prions de vouloir bien porter à la connaissance des autorités compétentes ce qui suit:

Les Georgiens après avoir brisé la défense opposée par les populations d'Akhiska et d'Achilkelek [*] se sont avancés vers le district de Poskhoff (Province de Kars). Après l'occupation de ce district, les Georgiens ont perçu comme indemnités des meubles des denrées des bestiaux etc, et arrêté comme otage quarant notables de la localité. Deux semaines après, les troupes nationales de Kars se mirent en marche vers les frontières de Poskhoff. Sur ce le gouvernement du Sud-Ouest en Caucase a proposé aux Géorgiens d'évacuer cette contrée

Le général Georgien, en réponse, a promis au représentant militaire anglais et au gouvernement de Poskhoff de donner les ordres necessaires pour l'évacuation demandés qui devait avoir lieu dans l'espace de cinq jours. Malgré cette promesse formelle, les coups du fusils continuaient sans cesse sur la frontière et ses environs, les aéroplans Georgiens survolaient sans interruption. Le général georgien n'a pris aucune mesure pour les empêcher.

A la suite de l'épouvante causée par la fusillade ennemie et le méfait de leurs aéroplanes, nos troupes s'avancèrent et reprirent des Georgiens quelques villages et un certains nombre de prisonniers.

Sur ce, le Général georgien, après une préparation de 7 jours, passa de nouveau à l'offensive et reprit Poskhoff. Mais cette fois les Georgiens massacrèrent, impitoyablement et sans merci, les

[*] En russe Akhaltsykh et Akhalkalaki.

habitants de cette localité. Neuf villages soit: [Pola, Gouné, Papalo, Djilvana, Poma, Badala, Zendar, Djakson, Stépanezininda] ont été complètement brûlés, y compris les mosquées; au cours de ce massacre systématique, ni les femmes ni les vieillards et ni les enfants ne furent épargnés. On a pu compter 390 femmes, vieillards et enfants parmi les victimes.

Toutes les provisions, les bestiaux des villages sus-mentionnés qui étaient tombés entre leurs mains furent confisqués et les meubles transportés ailleurs, furent vendus aux enchéres publiques. Les dégâts, causés à la suite de ces actes de brigandage, étaient évalués à 22,776,000 roubles. Il a été fait part de tout cela aux représentants anglais et américain à Batoum. dernièrement on a constaté les dégats suivants :

	Nombre	*Valeur total en Roubles*
Chvaux	28	42,000
Bestiaux (moutons etc.)	593	59,300
Bœufs, Vaches	185	92,500
Forrage (paille)	2,000 pouds	40,000
Provision	875 pouds	60,000
Argents comptants		2,753,000
Prix des meubles		356,700
		3,403,500

Les georgiens ont passé de Poskhoff à Ardaghan qui fut pris par eux après dix jours de combats; d'Ardaghan ils sont arrivés à Tchilodir. Malgré le désir manifesté et l'ordre donné par les Anglais, ils ont dépouillé tous les habitants. Les dègats sont évalués comme suit:

	Nombre	*Valeur totale en Roubles*
A Ardaghan :		
Cheveaux	230	345,000
Beufs	2,050	1,640,000
Troupeaux	4,320	648,000
Provisions 130,000 pouds		400,000
Forrage	85,0a0	1,700,000
Argents comptants		5,350,000

	Nombre	Valeur totale en Roubles
A Goulé :		
Chevaux	322	483,000
Bœufs	4.000	3.200.000
Troupeaux	750,000	1,125,000
Provision 102,500 pouds		8,200,000
Fourrage	165,000	3.300.000
Argent comptant		6,970.000
A Tchildir :		
Chevaux	112	168,000
Bœufs	1.550	1,240,000
Troupeaux	3.200	480.000
Provision 78.000 Pouds		6,240,000
Fourrage	35,000	700,000
Argent comptant		8.250,000

A caus de la confiscation des grains, des bestiaux, et des instruments agricoles les champs sont restés sans culture. Les dégats sont ci-dessous ;

A Ardahan :	*Déciatins (des champs)*	*Les dégâts (en roubles)*
» »	1.590	3.180.000
» Goulé :	8,500	17,000.000
» Tchildir :	2,300	4.600.000
Total :		86.051,000

Dans les environs d'Ardaghan, les villages de Seidouran, Tihan, et à Joulé le village d'Arpàchene ont été complétement ruinés.

A, Ardaghan le nomdre des massacrés, des blessés monte a 62 parmi les qeuls 48 petit enfants et vieilles femmes, et à Tchildir 53 morts et blessés parmi les-quels 21 femmes, et enfants; et à Joulé 264 morts et blessés parmi les-quels 181 femmes et enfants.

Le comité national, après avoir crié haut voix tous les evenements et les dégâts causée par le georgins, proteste énér giquement contre ces barbares qui ont massacré systhématiquement et sans distinction de sexe et d'âge les Turcs , qu'ile ont rencontrés sur leur passage dans le seul but de les dépouiller et qui ont forcée par les terreur les musulmans à signer du faveurs du gouvernemente géorgien. Veillez etc.

Le président du Comités central
National Musulmans d'Ardaghan :
Rassim Bey

Le Commisariat Provisoire des rayons d'Alhaltsyk et d'Ahalkalaki

Le Commisariat Provisoire des districts d'Akhiska et d'Akhilkelek [en russe Alhaltsyk et Ahalkalaki] soummet, au nom du peuple, à la Conférence de la Paix, les points qui suivent:

Au printemps 1918, les troupes ottomanes, après avoir battu les forces du gouvernement transcaucasien, avaient occupé les districts d'Akhiskha et d'Akhilkelk ; après l'armistice elle les évacuèrent. Après évacuation par les Turcs, les Georgiens, contrairement à la volonté des habitants, occupèrent, les dits districts. La population s'y opposa à main armée. Le Commisariat provisoire élu par le peuple, rèussit à calmer les esprits, donnant à entendre qu'il incombait à la Conférence de régler le sort de ces districts. Sur cela, les Géorgiens occupérent ces deux districts, le 5 décembre 1918, sans rencontrer aucune résistance. Cependant, ne faisant pas honneur à leurs engagements de ne pas poursuivre, ou tourmenter ceux qui avaient résisté par pur patriotisme à leur occupation, les Géorgiens ont, quatre jours plus tard, c. à. d. le 11 décembre 1918, emprisonné et départé les membres de Commisariat de ces deux districts, ainsi que les personnages les plus en vue parmi lès Arméniens. De plus, ils se mirent à opprimer les personnes éclairées et aisées parmi les Musulmans et les Arméniens. Les soldats Géorgiens pillaient partout les biens des Musulmans, violaient leurs femmes et portaient atteint à ce qu'ils avaient de plus sacré en matière de réligion; ils tuèrent même ceux qui voulaient user de leur droit de défense. En autre, les agents du gouvernent forçaient la population par les armes à participer aux élections de la Constituante.. A ces menaces armés, les habitants d'Akhiskha et à Akhilkelek ont répondu qu'ils ne prendraient point part aux élections, puisque l'integrité de la Géorgie n'est pas reconnue et la Conférence n'a pas donné ces deux districts aux Géorgiens.

Sur ces entrefaits, les soldats, géorgiens, ayant continuellement attaqué et tyranisé, au passage de la frontière, les habitants du districts de Poskhof [province de Kars], ceux-ci se bttirent contre eux. Ainsi, leur projets pour les élections échoua. Les géorgins, sous prétexte de reprimer ce mouvement, envoyèrent des troupes à Poskhof pour faire main basse sur les dépôts de vivres pour exercer une contraint sur ce district et sur celui d'Akhiska et tout cela afin de les obliger à prendre part aux élections. Le combat, qui s'est engagé et qui a duré quelques jours, n'a cessé que sur l'intervention d'un officier anglais, arrivé à temps à Poskhof,

Les Géorgiens ayant usé des armes contre les habitants d'Akhiska, il s'en suit un soulèvement qui, d'ailleurs, n'était que trops attendu; car les Géorgiens, tout en soumettant, la population à une administration inhumaine, appliquaient, continuellement, une politique de terrorisme et de violence; les démarche par écrit, faites à ce sujet par notre representant à Batoum auprès du général Walher et d'autree recours en vue d'obtenir la mise en liberté des commissaires emprisonnés et l'amélioration du régime géorgien dans ces districts, sont restés infructueux. Les habitants d'Akhiska et d'Akhilkelek, d'un commun accord, expulsèrent de leur territoire, tous les Géorgiens. Un commissariat provisoire qui fut constitué prit en main la direction des affaires... Un peu plus tard, ce même commisariat offrit au Gouvernement Géorgien de s'entendre avec lui... Les géorgiens refusèrent de donner une réponse à cette demande. Après un mois de préparatifs, ils dirigèrent sur les districts d'Akhiska et d'Akhilkelek, une armée de quarante huit mille hommes. Après un mois de guerre ils réussirent à occuper ces districts, dévalisant tous les habitants, et particulièrement, les Musulmans. Au cours de ce mouvement, ils brûlèrent et bombardèrent les villages abandonnés par les Musulmans, détruisirent et profanèrent les mosquées... Au compte plus de six cents victimes parmi les femmes, enfants, et vieillards qui n'ont pu fuir et qui ont péri sous les coups des Géorgiens... A la suite de ces violences, la population entière, réduite à la misère, dut se soumettre. Leurs maisons étaient détruites, leurs vivres pillés et volés.

Les dégâts et pertes, causés par les Géorgiens à Akhiska et à une partie d'Akhilkelek — les Anglais ont sauvé la plus grande partie de ce district — sont indiqués dans la liste qui suit:

			Roubles
Walenr en argent des sept Mosquées de (455) Maisons détruites:			5,380,000
Argent volé ou emporté:			4.480,000
Gros betail "bœuf, vache, buffle..:	4,500	têtes	9,000,000
Moutons et autres:	8,000	»	1.250,000
Céréales:	200,000	poudes	20.000,000
Herbe, paille etc.:	770,000	»	7,700,000
Pertes provenent du non-labourage des terres, faute de betail et de grain:			12,000,000
	Total des pertes		59,810,000

Le Géorgie, n'ayant attaché aucune importance à la question de prévenir les ravages causés par le typhus que les soldats georgiens ont opporté à Akhisha et Akhilkelek, on rencontre, aujourd'hui, dans ces deux districts, des villages qui ont perdu, par l'effet de la contagion, plus du tiers de ses habitants Nous soussignès, représentants des districts d'Akhiska et d'Akilkelek protestons de toutes nos forces, contre le Gouvernement géorgien qui agit illégalment et avec violence, qui n'a point hésité à recourir à n'importe quel moyen illégitime (comme les bolchevistes, dont ils font pertie en vérité), pour assurer l'obtention de son but, en foulant aux pieds les droits légaux nationaux. Nous prions, de même, les Grandes Puissances de vouloir bien liberer du régime terroriste des Georgiens, les habitants de ces deux districts et de leur permettre une administration autonome, sous le contrôle de forces militaires anglaises qui s'y trouvent, en attendant la décision de la Conference à leur égard.

2 Quant à la question de connaitre les opinions politiques de la population locale, il ne faut point perdre de vue que les

habitants de ces deux districts conquis, il y'a deux siècles et demi par les Turcs, sont en majorité musulmans et ont complètement adopté . les meseurs et les coutumes des Turcs; ils désirent nuir leur sort à celui des musulmans de Kars, de Batoum, dlArdakhan et de Soumaly.

Vu que les moeurs et les coutumes des Georgiens sont porfaitement étrangers aux Musulmans de ces régions qui forment la majorité, il ne serait point juste que les habitants de ces deux districte soient soumi à la domination géorgienne, d'autant plus que les récente evènements ci-haut mentionnès ont donné lieu à l'explosion d'un autagonisme et d'une haie inaplacable entre ces deux élémants. D'autre par au point de vue ethnographique les originaires d'Akhiska et d'Akhilkeleh ne se distinguent en rien des habitants de Kars et de Batoums: et ils sont jaloux de leur attachement inséparable à l'Empire Ottoman; de plus , d'après les principe de Wilson, ils doivent jouir du droit de décider, eux-mêmes, du sort de leur pays. Les Musulmans d'Akhiska de Batoum et d'Ardakhan et de Surmaly.

Nous, les représentants des distrits d'Akhiska et d'Akhilkelek, daclarons, encore une fois, que ces deux districts, dont les 92 % des habitants Musulmans , ne peuvent souffrir, en aucune façon, la domination géorgrienne... car les Georgiens, qui y sont en minorité, ont, à plusieurs reprises, attenté à vos bien, à notre existence, à notre honneur . . . C'est pourquoi, nous avons hatté, trois mois contre la Georgi; cette lutte suffirait à prouver, à elle sevla, qu'il nous est impossible de vivre sous leur domination qui , si elle venait s'établir dans nos districts, serait une cause de désordre et discusion perpetuelle dans le Caucase.

La délégtion du Caucase du Sud-Ouest est priée de présenter ce memorendum aux représentants des Grandes Puissances, ainsi qu'à la Conférence de la Paix en y ajoutant explications nécessaires.

Le Commissariat Provisoire des
rayons d'Akhaltsyk et
d'Akhalkalaki

Comité Nafional Musulman d'Akhiska et d'Akhalhalahi

17 Octobre, 1919--N. 57

à Batoum

A Mr. le Délégué du Commiseriat provisoire d'Akiska et d'Akilkelek.

Les soussignés, membres du Comité national Musulman d'Akiska et d'Akilkelek, vous prient de voloir bien soumettre à la haute connaisance des Grandes Puissances ainsi que de la Conférence de la paix notre situation déplorable et tragique causée par les Géorgiens:

Au commencement de mois d'Avril s'emparant des districts d'Akiska et d'Akilkelek' les Géorgiens se mirent au pillage. Leurs troupes régulières commandées par des officiers usurpèrent par force tous les bestiaux et les meubles de la pauvre population de ces localités. Parmi les malheureux habitants quelques uns seulement purent rachter les biens qui leur étaient volés grâce aux connaissances qu'ils rencontrèrent entre les Géorgins. Les soldats géorgiens vendirent à des prix vils à nos voisins Chretiens tous les objets qu'ils nous avaient enlevés.

La population Musulmane étant privée aussi de tout ce qui lui était nécessaire pour la récolte, s'ensuivit qu'aucuns d'entre eux n'a pu cultiver son champ. Les villages qui souffrirent le plus de cet état de choses sont:

Azgour, Zohtev, Zinophan, Sigila, Kildé, Hertvis, Aspinsa, Roustav, etc.

Les villages situés aux pieds des montagnes et plus ou moins éloignés des routes ont subit relativement moins de dégâts que les autres. Pour aller cultiver un champ il faillait rassembler les paysans et les bestiaux de 10 à 12 maisons pour être en plus grand nombre et malgré cette précaution, le danger n'était pas tout à fait écarté. Les Géorgiens n'hésitaient pas même à usurper les bœufs des cultivateurs au moment où ils travaillaient.

Lorsque la saison de moisson arriva, la plupart des fourrages et des pailles ayant été abandonné ou pouri sur les champs faute de moyens de transport il en est résulté que dans plusieurs localités la famine a commencé à régner dans toute sa rigueur.

Sept mois se sont écoulées dépuis l'occupation de ces territoires par les Géorgiens et ils n'ont pas même pù rètablir l'ordre et la tranquilité. Ils ont troublé la sécurité et la liberté du passage sur les chaussées et les routes, ils menacent les passants en leur ordonnant de leur donner et leur livrer tout l'argent et les objets précieux qu'ils ont sur eux et sur leurs charges. La plus petite hésitation suffisait à trouver la mort. Les soldats Géorgiens, dans le seul but de se procurer l'argent, pénètrèrent dans les maisons et maltraitèrent les femmes. En un mot c'est un regime de terreur et d'oppression indescriptible qu'ils appliquent dans leurs Zones d'occupation. Ceux d'entre les Musulmans ou les Arméniens qui tentaient d'opposer la moindre résistance à leurs agissements infâmes étaient indubitablement arrêtés et introduits en prison où ils étaient massacrés après quelques jours de sèjour. Voilà le sort malheureux de cette pauvre et paisible population.

Au mois de septembre le très connu notable Musulman Hassan bey fut tué par la police géorgien.

Cet évenement se déroula comme suit :

Le feu Hassan bey était l'hôte d'un georgien à Akiska; quelques agents de la police georgien masqués s'y présentérent en alléguant que la gouverneur voulait voir Hassan bey. Sur l'ncréduleté manifestée par celui-ci, ils commencèrent à le frapper avec les crosses de leur fusil l'entrainèrent hors de la maison et le tuèrent. Le cadavre de la pauvre victime gisa deux jour sur la place où il avait été massacré sans que personne parmi ses compatriotes n'osât le faire enlever.

Laissons à côté toutes les indemnités percues et les réquisitions opérés conformement à la loi, mais le mal que font les troupes geogiennes est indescriptible.

Nous pouvons dire avec une entiére conviction qu'il n'existe aucane différance entre les agissements des Bolcheviks et ceux des georgiens.

Le 18 juin Mr. Matchavaryami, membre du conseil Georgien est arrivé à Akiska, et a proclamé que celui qui refuserait de prendre part aux éléctions serait considéré comme mutin et revolté. Le peuple, effrayé et épouvanté par les atrocités des georgiens, fut obligé d'élire ceux qui étaient favorisés par le gouvernement georgien.

Enfin les pertes en materiel sont considérables. Le comité central, au nom du peuple qu'il représente, vous prie de porter tous ces faits déplorables à la connaissance des Grandes Puissances et d'attirer leur attention sur la nécessité de faire évacuer dans le plus bref delai les territoires occupés par les georgiene jusque à ce que la Conférence de Paris eut pris une résolution à ce sujet. Le comité vous prie en outre de transmettr aux grandes Puissancs le vœu qu'il manifeste relativement à la protection par l'Angletterre ou par une autre grande Puissence du pouvoir confié aux representents de la population locale.

Veillez, etc.

Le président du Comité National Musulman
d'Akika et d'Ahilkelek :
Mourtaza Bey

STATISTIQUE DU LA POPULATION INDIGÈNE

D'ÉTAT DU CAUCASE SUD-OUEST.

I

STATISTIQUE ADMINISTRATIVE DE I-1916

LES NATIONS		*LES RAYONS*										TOTAL	
		Olty	Ardaghan	Kars	Kagysman	Batoum	Artvin	Akhaltsykh	Akhalkalaki zone A	Sourmaly	Etchmiadsin zone A		
MUSULMANS	*en villes*	500	600	1,000	2,100	2,589	143	315	—	—	—	7,247	468,447
	en villages	32,000	77,700	81,127	28,918	56,857	25,146	51,712	7,000	55,935	44,805	461,200	
ARMÉNIENS	*en villes*	1,000	1,040	10,600	7,634	5.106	4,853	17,875	—	—	—	48.108	186,289
	en villages	500	280	42,983	22,023	83	3,658	9,693	1,500	31,718	25,743	138,181	
RUSSES	*en villes*	—	120	400	3	4,420	—	205	—	—	—	5,148	23,066
	en villages	—	2,140	14,245	471	1,062	—	—	—	—	-	17,918	
GRECS	*en villes*	20	350	1,240	—	934	—	—	—	—	—	2,544	15,613
	en villages	320	383	10,270	1.210	813	—	73	—	—	—	13,069	
GÉORGIENS	*en villes*	—	—	—	—	3,559	—	1,477	—	—	—	5,036	14,172
	en villages	—	—	—	—	419	—	7,487	1,230	—	—	9,136	
KOURDS JESIDS	*en villes*	—	—	—	—	—	—	—	—	—	—	—	10,559
	en villages	—	—	—	—	—	—	—	—	10,559	—	10,559	
JUIFS	*en villes*	—	—	—	—	—	—	3,235	—	—	—	3,235	3,235
	en villages	—	—	—	—	—	—	—	—	—	—	—	
ALLEMANS ESTONIENS POLONAIS	*en villes*	—	—	24	—	65	—	—	—	—	—	89	877
	en villages	—	—	733	—	55	—	—	—	—	—	788	

II

STATISTIQUE AGRICOLE DE IX-1917

LES NATIONS	*LES RAYONS*										TOTAL
	Olty	Ardaghan	Kars	Kagysman	Batoum	Artvin	Akhaltsykh	Akhalkalaki zone A	Sourmaly	Etchmiadsin zone A	
MUSULMANS	40,520	140,240	150,140	50,140	75,140	54,520	57,920	8,560		—	577,150
ARMÉNINES	2,180	2,400	64,500	35,320	6,300	9,022	27,977	1,533	-	—	149,232
RUSSES	—	3,401	17,650	500	5,950	—	205	—	—	—	27,706
GRECS	498	15,012	17,040	1,496	2,056	—	100	—	—	—	36,472
GÉORGIENS	—	—	—	-	4,580	—	9,128	1,255	—	—	14,963
KOURDS JESIDS	—	—	—	—	—	—	—	—	—	—	—
JUIFS	—	—	—	—	—	—	3,283	—	—	—	3,283
ALLEMANS ESTONIENS POLONAIS	—	—	792	133	—	—	—	—	—	—	925

Les provinces de Kars et de Batoum et les rayons d'Akhaltsykh, d'Akhalkalaki, d'Alexandropol, d'Etchmiadsin et de Sourmaly.

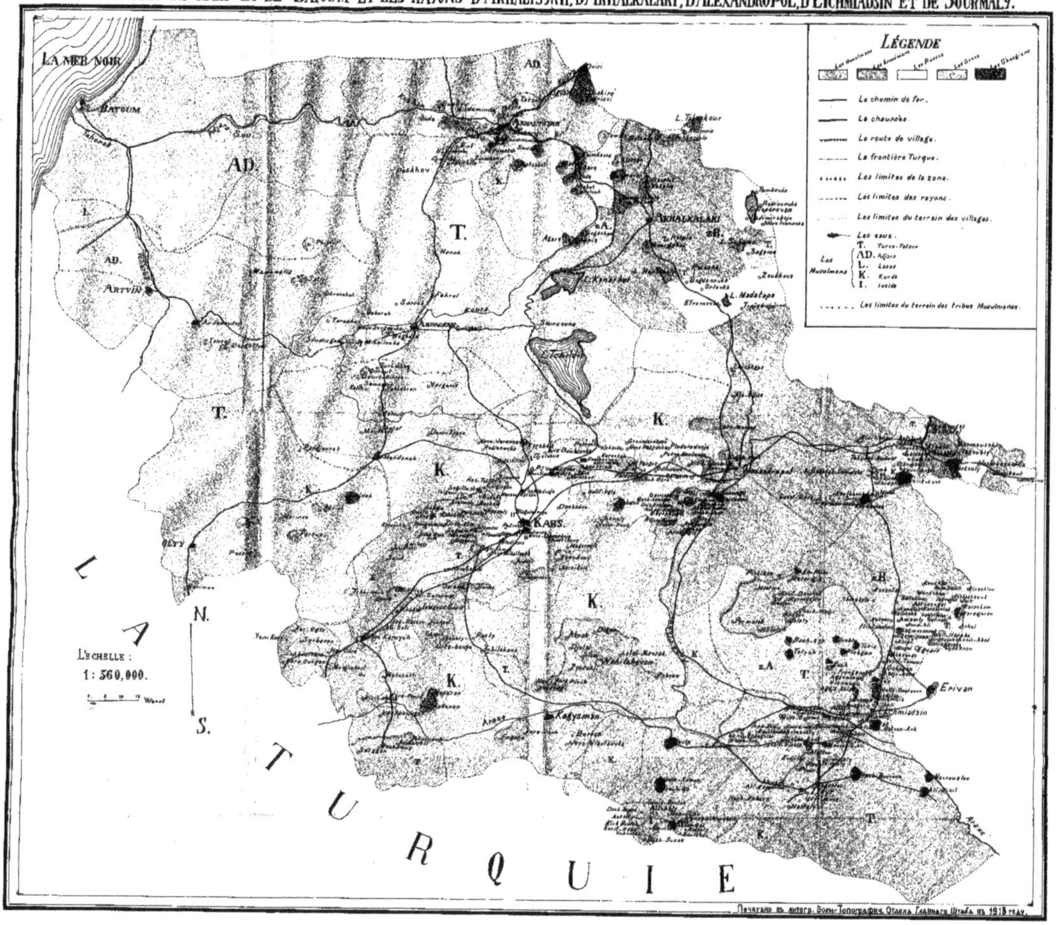

Légende

Le chemin de fer.

La chaussée.

La route de village.

La frontière Turque.

Les limites de la zone.

Les limites des rayons.

Les limites du terrain des villages.

Les eaux.

Les Musulmans: T. Turco-Tatars; AD. Adjars; L. Lazes; K. Kurds; I. Iezids

Les limites du terrain des tribus Musulmanes.

La mer Noir

L'échelle: 1 : 560,000.

La Turquie

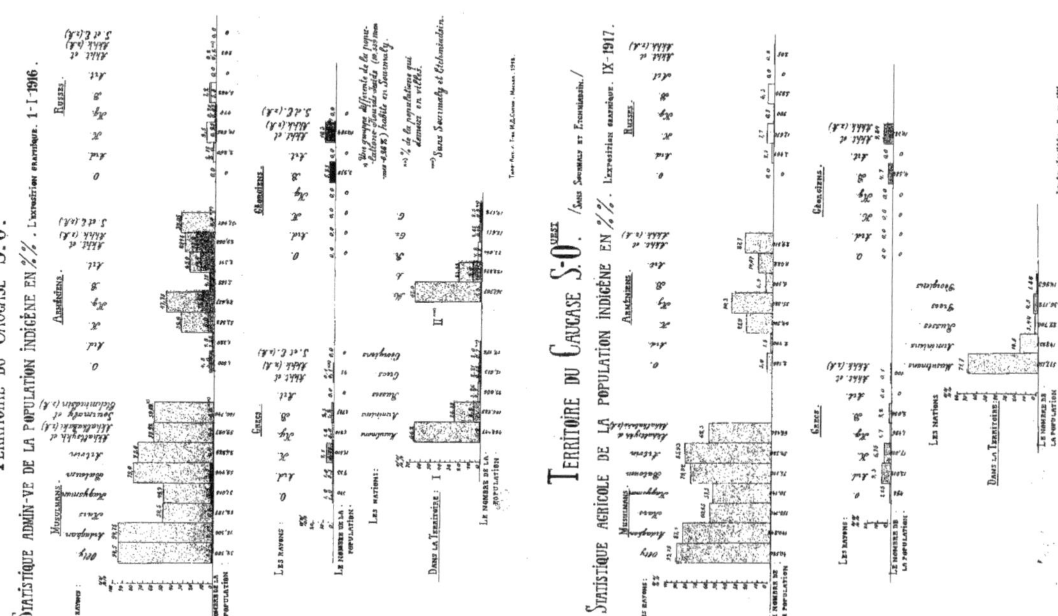

www.ingramcontent.com/pod-product-compliance
Ingram Content Group UK Ltd.
Pitfield, Milton Keynes, MK11 3LW, UK
UKHW021032220726
13924UKWH00001B/264